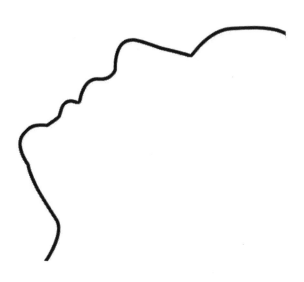

# DANIEL OSUNA

## La cara oculta del amor

Antología poética
Incluye composiciones inéditas

DELETRAS

*La cara oculta del amor*
Título original en español (*co*-Es)

Primera edición: 17 de abril de 2019

Proyecto Deletras ha colaborado con el autor en el diseño, la diagramación, la revisión y la corrección de la presente obra. Apoyamos la protección de la propiedad intelectual.

Primera edición (revisada) en este formato: 19 de abril de 2021

ISBN: 1095016644
ISBN-13: 978-1095016640

Impreso bajo demanda  *Printed on demand*
República de Colombia

**¡Gracias por adquirir este libro!** Proyecto Deletras es una iniciativa editorial independiente. Descubre más de nuestro trabajo en www.payhip.com/Deletras

*Para mis hermanos, en sus distintas condiciones, Ángel Daniel Osuna y Jhon K. Simancas*

El amor es como los espíritus: todos hablan de ellos, pero pocos los han visto.

FRANÇOIS DE LA ROCHEFOUCAULD

# VIEJOS AMIGOS
## Antología

POEMA I

# En esta playa maravillosa

En esta playa maravillosa, te di un beso hace
  muchos años.
Recordar eso no es bueno, lo sé; recordarlo me
  hace daño.
Mas lo revivo porque vine nuevamente a eso:
a recordar nuestro amor, nuestros abrazos y nuestro beso.
Por un momento he sentido que volverías conmigo,
mas no puede ser posible. Hoy soy más que tu olvido.
Y he sentido que, por estas fechas, tendría tres años
conociéndote. Pero te perdí, y recordarlo me hace daño.

Ahora la playa no se ve tan bonita como en aquel entonces.
Supongo que era igual, solo que ahora, en mis reproches,
te digo todo y no guardo nada... Eso hace que la playa
  sea afee,
independientemente de que esté bonita ante todo el que
  la ve.
Es fea ahora porque estoy lleno de nostalgia y
  me olvidaste.
Lamento mucho llegar aquí solo para recordarte.

Es fea ahora porque estoy vivo y sigo preso de tu silencio
—un silencio triste, nauseabundo que golpea mi pecho.

Abriré mis manos para sentir el agua fría que me recuerda
que mi confianza está maldita por tus mentiras y falsas
promesas.
No me cumpliste ni un simple voto. ¿Adónde fueron esas
palabras
que me decías, que prometías y, siempre, siempre me
jurabas?
¡Oh, mentirosa! Dios quiera que encuentres la libertad a
tus olvidos.
Así como eres, en poco tiempo no tendrás ni siquiera
amigos.
¡Oh, mentirosa! Dios quiera siempre que, en tu vereda,
encuentres algo
como las rosas. Jamás dolor; jamás tristeza ni un trago
amargo.

En esta playa maravillosa, te di un beso hace
muchos años.
Recordar eso no es bueno, lo sé; recordarlo me hace
daño.
Ahora la playa no se ve tan bonita como en aquel entonces.
Supongo que era igual, solo que ahora, en mis reproches,
ha cobrado un aspecto amargo (ese que ahora tiene
mi alma,
que no te llora, que no te quiere, pero te extraña).
¡Oh, mentirosa! Dios quiera que encuentres la libertad a
tus olvidos.
Así como eres, en poco tiempo no tendrás ni
siquiera amigos.

POEMA 2

# Muero

Estoy en el fondo de tus entrañas,
tierra,
y exclamo palabras viejas que me mortifican.
Mis huesos se recogen en un saco
     de cenizas.
Tierra, estoy perdido en un mundo de mortales.
Estoy muriendo lentamente.
Me asfixia el aire, me envenena el agua,
nada me hace bien.
Tierra, ¿por qué?
¿Por qué muero si hice lo justo?
¿Por qué muero si estuve entre los buenos?
Me consumo.
Me diluyo.
Me acabo.

Desde tus entrañas exclamo y pido que me dejes vivir.
No envíes tus agentes, no envíes el tiempo
en que uno se derrumba, y se extingue,

y deja de estar, y deja un recuerdo como la nieve
hacia el final del invierno.

Quiero estar para cuando el mundo
recupere el esplendor que los hombres han gastado.
Pero muero.
Lentamente.
Me acabo.

## POEMA 3

# Amanece, atardece, anochece...
## y no estás junto a mí

### I. AMANECE

Amanece
y no quiero levantarme de la cama,
porque el recuerdo que me viene esta mañana
es tu imagen..., y no te tengo junto a mí.

Amanece,
y es difícil creer que no te encuentras conmigo.
¡Me resulta imposible aceptar lo sucedido!
Pero lo vivo..., y no te tengo junto a mí.

Amanece...
Un día más que despierto sin tus besos.
¡Qué no daría yo por solo uno de esos,
aunque no incluya el que volvieras junto a mí!

## II. ATARDECE

Atardece.
Mi casa ha estado silenciosa este día;
ha estado así desde el día de tu partida.
Y no hablará... hasta que vuelvas junto a mí.

Atardece
y el sonido de los pájaros que cantan
ya no deleitan mis oídos, me irritan, me amargan.
Me estorba todo... Y no te encuentras junto a mí.

Atardece.
Simplemente veo marcharse esta fecha
como mi vida, que se encuentra tan desecha
por no tenerte (ni sentirte) junto a mí.


## III. ANOCHECE

Anochece
y va llegando el tiempo de irme a la cama.
No obstante, es triste para mí saber que mañana
recordaré... que no te tengo junto a mí.

Anochece.
La noche es fría; va llegando poco a poco,
pero no llega la paz, ni tú tampoco.
¡Cuánto quisiera... que estuvieras junto a mí!

Anochece...
No sé si es bueno, solo sé que todo es malo.
¿Podrás creer? Vivo solo recordando
cómo era todo... cuando estabas junto a mí.

## POEMA 4

# El tren y ella

El tren ha partido: hoy la perdí.
Será todo oscuro a partir de este día.
Y en su nombre lloraré hasta que llegue mi muerte,
la cual desde ahora me brinda compañía.

Un tren se llevó a mi querida,
corazón prisionero de mi vida.
La más querida, la más preciosa...
Es tal como el marchitar de una rosa.

Pero perdono su abandono,
y perdono también el tren.
(Tal vez todo
fue por su bien).

Es verdad que lloro,
pero no como antes (tal vez);
o tal vez la muerte
me besa los pies
y me consuela diariamente
con un adiós prometido.

POEMA 5

# Rosa y ceniza

Se convierte la rosa en un puñado de cenizas,
pero nunca las cenizas vuelven a ser una rosa.
Así el cariño loco que crece tan deprisa
se hace polvo de olvido con locura presurosa.

Y no crece ni muta para volver a ser flor
porque ha quedado en tierra para siempre jamás.
La pasión adolescente, por consiguiente, no es amor
porque el amor verdadero subsiste en la eternidad.

Palpitan los corazones y se encienden hogueras,
pero no ocurrirá ningún milagro trascendente.
Bastará que pasen ocho o nueve primaveras
y será solo un recuerdo ese amor adolescente.

Un recuerdo, eso sí, muy sonriente y sonrosado
de los años licenciosos de niñitos inexpertos.
Quedarán en la memoria episodios del pasado
que no van a repetirse, nunca más, por cierto.

Esas rosas delirantes, esos besos inocentes,
morirán en la corriente como cosas de chiquillos.
Mirarán fotografías y en silencio, mentalmente,
sonreirán, algo abatidos, por los hechos cometidos.

Solo van a ser recuerdos y secretos excusados
que jamás verán la luz, que jamás serán contados.
Y si acaso, alguna vez, uno quiere revelarlos
un guardián de la conciencia los tendrá sanos y salvos.

Dormirá en nuestra tumba ese amor adolescente
que ni ama, ni se olvida, que ni vive ni muere.
Será la flor, será la ceniza, que vivirá callada y sola,
sembrada en un rincón de nuestra mente traidora.

El amor adolescente.

El amor adolescente.

POEMA 6

# Pobre, pobreza

Anda el pobre por caminos inciertos,
lejos de un pasado por el que nadie pregunta.
Morirá en la soledad de un frío desierto,
y partirá su alma al seno de la Tumba.

Cae frío sobre el frío suelo
y nadie por su cuerpo siente compasión.
Se duerme en la muerte como todo un perro;
ni su gente lo recuerda al escuchar una canción.

Álgida vida, álgida muerte…;
y el pobre que cae miserablemente
en ellas, sin pan ni esperanza…,
sólo cree que es cuestión de suerte…,
desatino existencial…, falta de bonanza.

Sendero y sol le son denegados;
la alegría lo sigue de lejos,
y aferra sus manos en la forma de un pan,
de un vaso de agua, de un suelo…

Duerme callado, y a todos molesta.
Camina cansado, y todos se asustan.
Pobre, pobre... Parece que solo lo quieren
en la tumba.

# Nuestro

Hoy llamé Nuestro a un amor que nunca abrazamos con
el corazón,
un amor que por completo has olvidado y que es todo,
menos eso:
amor.
Hoy quise hacer mío a este hijo no deseado, o
no planificado,
que sin culpa vino al mundo a ver el odio y el dolor de
estar tan solo:
sin padre ni madre, sin techo ni calor.
Un amor que hoy llamo Nuestro y que a ti no te importó.

«¿Y por qué Nuestro?», preguntarás un día, en medio de
mucha melancolía.
Porque tú me abrazaste y me besaste primero. Jugaste
con mi deseo,
con mis soledades. Pusiste mi sol en un sitio y mi luna
en otra parte.
Juntos engendramos nuestras ansias de adorarnos. Mis
ansias de tener

a alguien, las hiciste tuyas… Nos hicimos parte a parte el
uno para el otro,
    y yo moría por ti, y tú por mí soñabas.

*Así nació este amor:*
  *nació de ti,*
   *nació de mí,*
*de nuestras ansias.*

POEMA 8

# Lleno de amor

yo
como escritor incomprendido
tengo sueños y añoranzas
vivas ilusiones
que han seguido tras mis pasos
como sombras delirantes

quisiera ver el sol
salir y relumbrar
en un cielo matizado
con nubes de algodón
un cielo que he llamado
corazón

no quisiera ver la luna de la muerte
amenazar desde la noche
a quienes amo/a quienes quiero/a quienes conozco
la muerte es un enemigo cruel
y llegue brevemente

o tarde en poseer
suprime (dictadora) de la vida a quien no debe

por algo soy escritor
porque no me basta con soñar
sino que además
quiero que todos sean cómplices/partícipes/amigos/
  amantes
de mis sueños de bohemio
¿acaso es eso amor?
puede ser
si es así
estoy lleno de amor/de sueños/de ganas de escribir

amo el presente
y lo considero una posibilidad
de construir un futuro
el tiempo es una brisa que corre hacia mí
dejándome más viejo
pero acaso más enamorado
de su aroma otoñal

el tiempo es una brisa que se lleva hojas caídas
(el recuerdo de los años/los amigos que se han ido)

el tiempo es un ventarrón que se excita sin aviso
y acaba
en un minuto
con la unión que forman dos manos
una será llevada / la otra queda presa en su aullido ofensor

de mis manos se han soltado
muchas otras manos
pero sigo

(como buen escritor y cristiano)
amando mis sueños/el viento/la vida/el papel
y tu mano

POEMA 9

# Un alma sin amor

A él le han quitado la esperanza de vivir
y aquellos sueños que le hacían existir.
Manifestaba gran dolor en su clamor
y una nube de tristeza desapareció su sol.

No soportaba ver el claro de la luna,
concluir que como ella no había ninguna.
Se fue con ella su mendigo corazón,
el que le había dedicado con tantísima pasión.

*Ahora es tan solo un alma sin amor.*
*En su locura se ha hecho un triste soñador.*

*Ahora vive sin su triste corazón*
*y con la esencia de una huérfana ilusión.*

Perdió su fe, su amor y hasta su libertad;
se dio a la muerte como un débil ser mortal,
aunque por dentro su ilusión siempre fue
ser lo propio que anhelaba esa mujer.

Creyó que no valía la pena su existir.
Ya nadie pudo verle nunca sonreír
porque, al perderla, su futuro se esfumó,
y así se hizo solo un alma sin amor.

*Ahora es tan solo un alma sin amor.*
*En su locura se ha hecho un triste soñador.*

*Ahora vive sin su triste corazón*
*y con la esencia de una huérfana ilusión.*

# Por ser tu amor

Quizá rehúya de tu calor
con alma rota y desesperanza,
bohemio loco que nunca alcanza
ser de tus versos el trovador.

Y casi ciego me estremecí
ante tus nobles caricias dulces,
llegando al punto de que me gustes
como la vida que no viví.

Vivir de pura imaginación
es una triste y pesada pena;
vivir sin ti es una condena
que me castiga sin compasión.

Vivir sin ti…, ¡qué pesado mal!
Es una daga para mi vida
que se me clava y me asesina
sin que te pueda llegar a amar.

¡Cómo quisiera que un día al fin,
con tus manitas de trigo puro,
ahogaras ese pesado orgullo
que no te deja fijarte en mí!

¡Cómo quisiera que un día tú,
con tus cabellos de lana y seda,
con esperanza y benevolencia,
te convirtieras en mi virtud!

Qué no daría por ser tu amor
y acariciarte perpetuamente
hasta que deje de haber presente
o hasta que así lo decida Dios.

# LA CARA OCULTA
# DEL AMOR

Composiciones inéditas

POEMA 1

# Cielo

Cielo:

Estabas estrellado cuando nací,
y hasta ahora no has cambiado.
Bajo tu manto de amor,
a mi madre le di lo mejor de mí.
Le prometí ser bueno;
y aunque ha habido retos,
supongo que le cumplí.

Luego, vinieron los años
y aprendí a querer a otra mujer.
Otra vez, prometí que mi vida le daría.
Y, cielo, creo que lo he logrado.

Así como había sido con mi madre,
así también he sido con mi esposa:
la abrazo en sus desaires,
la cuido como mi rosa.
Tú sabes que no miento.

Cielo, muchas gracias por mirarme
con tu luz. Gracias por esas nubles
que me han acompañado
desde la juventud.

Tras tu brillo hermoso
vive un Dios amoroso
que ha cuidado de mí.
Siempre. Siempre.
Bajo tu manto de mañanas,
ocasos y oscuridades,
vive una mujer que me cubre
con sus hermosas cualidades.

Gracias, cielo,
por ser parte de mí.

POEMA 2

# Nos dejó el amor

En mi corazón baldío
está todo lo que necesitas saber.
¡Oh, cuántas lágrimas este corazón mío
ha derramado por ti, que no lo has querido conocer!

Lúgubre y derramado
yace en mi noche triste
por ver el desamor que le has dejado
y el recuerdo de lo que siempre le prometiste.

Palabras vacías
que en nada quedaron.
¡Sufre, sufre y llora el alma mía
porque nuestros cuerpos jamás se fusionaron!

Libre. Tú, libre siempre
como una paloma de plaza.
Yo, esclavo, sucio e indigente
como un buitre en medio de la nada.

En mi corazón quedaba
solo el conocimiento de un adiós.
Ahora en él no queda nada,
nada, porque para siempre nos dejó el amor.

# Callada y vacilante

Qué callada estás, niña de mi corazón.
Pasan rápido los días en tu olvido.
En tu pecho, falta la respiración
y en tus ojos, mucho ha llovido.

Has tenido noches turbias y adoloridas,
como si el alma deseara un poco de muerte,
como si ignoraras de tu jardín las maravillas
o vivieras en un rincón del presente.

Qué callada estás. No tiene sentido
para ti estar, callar, bailar ni dar abrigo.

¡Callada, amor! ¡Callada y vacilante!
Eres nube derretida y ambulante.

# La llave de mi amor

La llave de mi amor,
la tienes tú en la mano.
Con ella has de saber,
lo mucho que te amo.

Si entras a observar
lo que por ti yo siento,
quizá llegues a ver
lo mucho que te pienso.

Tú estás dentro de mí
y allí estarás por siempre,
pues en mi corazón
el amor nunca muere.

Te hiciste un día mi luz,
te hiciste mi confianza.
Puse en ti mis juramentos,
mi candor y mi alabanza.

POEMA 5

# Hija de la luna

¿Me creerías si te dijera que me hace falta tu amor,
que por las noches te extraño y miro la luna
y me pregunto si algún día estarás dispuesta
a volver conmigo y a no dejarme más nunca?

Y es que ¡cuán grande es esa pregunta!
¡Cuán trascendente y difícil de responder ahora!
Solo tú tienes la respuesta, hija de la luna.
Solo tú sabrías aclararme tantas dudas.

Y, mientras tanto, te esperaré una vida más,
porque mi corazón sigue en busca de respuestas,
aunque nunca vuelvas…, y yo muera al despertar.

POEMA 6

# Tan distante y lejano

Tan distante nuestro amor…, tan lejano,
tan cercano a la vez…, tan salvaje como un león,
tan lleno de ilusiones, tan ansiado…,
tan dulce, tan amargo, tan igual que los demás.
Tan diferente a un tiempo, tan vacío, tan humano…

Tan ardiente de deseos, tan alto como el cielo,
tan suelto, tan esclavo, tan perfecto…
Dúctil y moldeable como el barro,
duro y decidido como piedra y mineral.
Tan todo eso… Pero,
sobre todo,
tan lejano y visceral.

POEMA 7

# El rey y la reina

Eres mi corona.
Me has hecho rey de tus besos.
Mi territorio es tu cuerpo
y mis súbditos…, tus pensamientos.

Me estableces en tu trono
y en tus manos pongo las mías.
Me llenas de banquetes con carne fina,
vinos deliciosos y paz, ¡paz y armonía!

Por eso, te he nombrado mi reina.
Eres dueña de todos mis bienes:
mi casa, mi cuerpo, mis libros, mis muebles…
¿Puede un rey ser súbdito también?
Lo soy. Lo soy en tu reino.
No tengo derecho a decirte qué hacer.
Soy tuyo. Mía eres. Y nos complacemos.

Gracias
por aliarte a mi «patria».

Gracias
por dejarme entrar en ti,
por armarme hasta los dientes
con tus frases, tus consejos
que salvan a «mi pueblo» de los «enemigos».

¿Qué te daré
por tus cosas maravillosas
y tu ley?
Mi obediencia, mi amor leal,
pese a ser yo mismo el rey.

# ÍNDICE

VIEJOS AMIGOS | ANTOLOGÍA . . . . . . . . . . . . . . . . . 11

1. En esta playa maravillosa . . . . . . . . . . . . . . . . 13

2. Muero . . . . . . . . . . . . . . . . . . . . . . . . . . . . . . . . . 15

3. Amanece, atardece, anochece...
   y no estás junto a mí . . . . . . . . . . . . . . . . . . . . . 17

4. El tren y ella . . . . . . . . . . . . . . . . . . . . . . . . . . . 19

5. Rosa y ceniza . . . . . . . . . . . . . . . . . . . . . . . . . . 21

6. Pobre, pobreza . . . . . . . . . . . . . . . . . . . . . . . . . 23

7. Nuestro . . . . . . . . . . . . . . . . . . . . . . . . . . . . . . . 25

8. Lleno de amor . . . . . . . . . . . . . . . . . . . . . . . . . 27

9. Un alma sin amor........................ 30

10. Por ser tu amor ......................... 32

LA CARA OCULTA DEL AMOR | COMPOSICIONES
INÉDITAS................................... 35

1. Cielo ................................... 37

2. Nos dejó el amor ........................ 39

3. Callada y vacilante....................... 41

4. La llave de mi amor ...................... 42

5. Hija de la luna .......................... 43

6. Tan distante y lejano .................... 44

7. El rey y la reina ........................ 45

DANIEL OSUNA es autor de más de una decena de libros, todos autopublicados. Nació en Trujillo (Venezuela) en febrero de 1997. En 2015 publicó su primer poemario, *Mi manera de querer*, a través de las plataformas CreateSpace y Amazon. Más tarde siguió publicando también en AutoresEditores.com y la aplicación Wattpad. De su bibliografía destacan títulos como *Caricias, amor y lluvia*, *Lo que realmente soy*, *Nuestro amor bajo la lluvia*, *Donde el tiempo no nos destruya*, *Nada sin ti* y *Déjame soñar*. En colaboración con Rosalba Velasco, una colombiana amante de la poesía, escribió *Siempre cuidaré de ti*. Más recientemente, Daniel ha incursionado en la narrativa con *La cucaracha* (junio de 2020), relato de suspenso disponible como *e-book* en Amazon Kindle. A lo largo de su carrera como escritor se ha destacado por su productividad al hacer públicas unas 15 obras más en ediciones de prueba, algunas de las cuales ha integrado más tarde a sus trabajos definitivos. De su pluma han nacido unos 2300 poemas.

### VISITA EL SITIO WEB DEL AUTOR
www.soydanielosuna.com

### SIGUE AL AUTOR EN SUS REDES SOCIALES
TWITTER: @SoyDanielOsuna
INSTAGRAM: @soydanielosuna
WATTPAD: @SoyDanielOsuna

Made in the USA
Middletown, DE
21 May 2023